Origami Buch für Beginner 5

*Lerne wunderschöne
Origami-Figuren zu erstellen
Schritt für Schritt
für Kinder und Erwachsene*

© Copyright - Alle Rechte vorbehalten.

Der in diesem Buch enthaltene Inhalt darf nicht reproduziert, vervielfältigt oder übertragen werden ohne direkte schriftliche Erlaubnis des Autors oder des Herausgebers reproduziert, vervielfältigt oder übertragen werden.

Unter keinen Umständen wird irgendeine Schuld oder rechtliche Verantwortung gegenüber dem Herausgeber oder dem Autor, für für Schäden, Wiedergutmachung oder finanzielle Verluste aufgrund der Informationen, die in diesem Buch enthalten sind, weder direkt noch indirekt.

Rechtlicher Hinweis:

Dieses Buch ist urheberrechtlich geschützt. Es ist nur für den persönlichen Gebrauch bestimmt. Sie dürfen es nicht verändern, verteilen, verkaufen, verwenden, zitieren oder den Inhalt dieses Buches ohne die Zustimmung des Autors oder die Zustimmung des Autors oder Herausgebers.

Hinweis zum Haftungsausschluss:

Bitte beachten Sie, dass die in diesem Dokument enthaltenen Informationen nur zu Bildungsund Unterhaltungszwecken dienen. Es wurden alle Anstrengungen unternommen, um genaue, aktuelle, zuverlässige und vollständige Informationen zu präsentieren. Es werden keine Garantien jeglicher Art gegeben oder impliziert. Der Leser nimmt zur Kenntnis, dass der Autor nicht tätig ist in einer rechtlichen, finanziellen, medizinischen oder professionelle Beratung. Der Inhalt dieses Buches wurde aus verschiedenen Quellen entnommen. Bitte konsultieren Sie einen lizenzierten Fachmann, bevor Sie die in diesem Buch beschriebenen Techniken ausprobieren.

Durch das Lesen dieses Dokuments erklärt sich der Leser damit einverstanden, dass der Autor unter keinen Umständen für irgendwelche Verluste, direkt oder indirekt, verantwortlich ist, die infolge der Verwendung der in diesem Dokument enthaltenen Informationen entstanden sind, einschließlich, aber nicht beschränkt auf, Fehler, Auslassungen oder Ungenauigkeiten.

Inhaltsverzeichnis

Einführung 6
    Was ist Origami? 6
    Eine kurze Geschichte von Origami 7
    Papierfalten in Europa 9
    Modernes Origami 10
    Symbolik in Origami 13
        Schachteln und Umschläge *13*
        Samurai-Helm *13*
        Tsuru *14*
        Tatsu *14*
        Neko *15*
        Kaeru *15*
        Chocho *16*
Symbole 17
Falttechniken 18
Modell-Liste 19

Dackel *22*
Croissant *25*
Weihnachtsbaum *28*
Flatternder Schmetterling *31*
Tisch *33*
T-Shirt *35*
Tukan *37*
Stern *42*
Muschel *44*

Koala *48*

Eiscreme *51*

Hase *53*

Boot *56*

Mutterschaf *59*

Goldfisch *62*

Delphin *65*

Einleitung

Origami ist eine alte Kunstform mit einer Geschichte, die so alt und reichhaltig wie das Papier, aus dem es gemacht ist. Als sich das Papier entwickelte und verfeinert wurde, entwickelte sich auch die Origami-Kunst, und sie wurde immer beliebter und verbreitete sich über die ganze Welt. Während Kulturen überall auf der Welt ihre eigenen Formen der Papierfaltkunst haben, ist die japanische Origami-Kunst die Kunstform, die am beliebtesten geworden ist und die Welt im Sturm erobert hat.

Origami kann so einfach oder komplex sein, wie es sich der Künstler wünscht. Designs wie ein schlichtes, einfaches Herz oder ein Hund können eine großartige Einführung in diese Kunst für Kinder sein, um sich danach, mit erweiterten Fähigkeiten, an komplexere Figuren zu wagen, wie einen Kranich oder ein Nashorn aus Papier. Engagierte Künstler können lernen, wunderschöne Meisterwerke zu formen, wie z. B. einen verschlungenen chinesischer Drache mit individuellen Schuppen, die alle aus einem einem einzigen Stück Papier gefaltet. Dies ist eine großartige Kunst zu lernen, da die Leichtigkeit, mit der Sie beginnen großartig für Anfänger geeignet ist. Ganz zu schweigen davon, dass es eine der erschwinglichsten Kunstformen ist, die es gibt, denn selbst wenn Sie kein richtiges Origamipapier in die Hände bekommen, können Sie mit jedem Papier, das Sie zu Hause oder im Büro herumliegen haben, eine Menge Übung machen.

Origami ist eine wunderbare Kunstform, und wenn Sie ein wenig mehr darüber wissen, woher sie kommt, können Sie sie auf einer tieferen Ebene schätzen.

Was ist Origami?

In Wahrheit sagt der Name bereits alles. Das Wort Origami setzt sich aus zwei japanischen Wörtern zusammen: „oru", was übersetzt „falten" bedeutet, und „kami", was übersetzt „Papier" bedeutet. Origami ist also die Kunst, Tiere, Blumen, Figuren, Schachteln, Bäume usw. aus Papier zu falten. Ein wichtiges Element des Origami ist, dass das Papier in keiner Weise geschnitten oder gerissen wird. Das Papier kann auch nicht geklebt oder mit Klebeband fixiert werden, um Kanten oder Ecken an ihrem Platz zu halten.

Stattdessen werden geschickte Faltungen und Knicke verwendet, um dies zu erreichen. Traditionell wird jede Origami-Figur mit einem einzigen Stück Papier gefaltet, aber modernere Designs haben Möglichkeiten eingebaut, zwei oder drei Stücke für ein größeres Projekt zusammenzufalten. Es ist auch traditionell, keine Markierungen mit einem Stift oder Bleistift auf dem Origami zu machen, entweder um Faltlinien zu markieren oder als Dekoration. Echtes Origamipapier hat auch eine leere und eine farbige Seite, aber Sie können trotzdem jedes beliebige Papier verwenden, solange es Ihren Bedürfnissen entspricht.

Kurze Geschichte des Origami

Der genaue Ursprung des Papierfaltens als Kunstform ist im Allgemeinen nicht sicher, und viele glauben, dass die Ursprünge älter sind als das Papier selbst, als dekorative Falttechniken auf andere biegsame Materialien wie Seide und Leder angewendet wurden. Als Papier im Jahr 105 n. Chr. in China entstand, entdeckte man, dass es das perfekte Material zum Falten war: lockerer und flexibler als Leder und daher zu viel feineren Details fähig, aber stabiler als Seide und in der Lage, seine Form viel besser zu halten. Irgendwann zwischen dem sechsten und siebten Jahrhundert wurde diese Kunst nach Japan gebracht und die Saat des Origami war gelegt. Damals als Origata bekannt, war die Kunst des Papierfaltens aufgrund der Seltenheit des Papiers ein exklusives Ritual, das von den Samurai und heiligen Männern und Frauen ausgeführt wurde. Als Bestandteil von Shintō-Ritualen wurden dekorative Schachteln und Umschläge aus Papier gefaltet und zum Einpacken von Opfergaben an die Götter verwendet. Es wurde auch populär, Origata zu verwenden, um Verlobungs- und Hochzeitsgeschenke zu überreichen.

In der Edo-Periode, von 1603 bis 1868, wurde handgeschöpftes Washi-Papier leichter verfügbar und ermöglichte es, dass das Papierfalten zu einem beliebten Hobby der einfachen Leute wurde, sowohl für Erwachsene als auch für Kinder. Diese „gewöhnlichere" und weniger ritualisierte Form des Papierfaltens wurde als Origami bekannt. Abgesehen davon, dass es eine lustige Art war, sich die Zeit zu vertreiben, nutzten die einfachen Leute Origami als billige und einfache Möglichkeit, ihre Häuser und Geschenke zu dekorieren.

Wie bei den meisten Elementen der japanischen Kunst war es üblich, Origami-Figuren zu falten, die Elementen der Natur ähnelten, wie zum Beispiel Tiere, Pflanzen und sogar Blumenmuster. Origami wurde in dieser Zeit so populär, dass es in andere Formen der Kunst integriert wurde, und es gab sogar ganze Gemälde, die Frauen beim Falten von Origami in ihren Häusern zeigten.

Ursprünglich waren die gefalteten Figuren recht einfach und leicht, aber als die Kunst geübt wurde, wurden mehr Techniken und kompliziertere Designs entdeckt und weitergegeben. In dieser Zeit entwickelte sich die Kunst zu einer Tradition und einem Teil der Kultur mit einer tieferen Bedeutung. Die kulturelle Bedeutung, die mit bestimmten Tieren und anderen Symbolen und Figuren verbunden war, wurde auf ihre Origami-Gegenstücke übertragen, und sogar verschiedene Arten von Faltungen erhielten eine gewisse Bedeutung. Im Jahr 1797 wurde ein Buch mit dem Titel Hiden Senbazuru Origata oder Das Geheimnis des Faltens von 1000 Papierkranichen von Akisato Rito veröffentlicht, in dem er die kulturelle Bedeutung der Kunst erklärt und 49 verschiedene Arten des Faltens von Papierkranichen vorstellt. Dies war die erste schriftliche Aufzeichnung dieser Kunst.

Im Jahr 1954 wurde die traditionelle Origami-Kunst revolutioniert, als Akira Yoshizawa ein Buch mit dem Titel Atarashi Origami Geijutsu veröffentlichte, was übersetzt Die neue Origami-Kunst bedeutet.

In diesem Buch stellte der Autor nicht nur das Konzept vor, Origami als pädagogisches Hilfsmittel zu verwenden, um Kindern bestimmte grundlegende mathematische Konzepte beizubringen, sondern er verwendete auch neue Muster, die Origami-Künstler dazu ermutigten, das Papier zu schneiden, zu reißen, zu befeuchten und zu kleben, um komplizierte neue Figuren zu schaffen. Mit diesen neuen Origami-Designs waren die Künstler nicht mehr darauf beschränkt, nur ein quadratisches Stück Papier zu verwenden, und die Kunstform erfreute sich einer neuen Welle der Popularität. Dieses Buch trug auch dazu bei, die Kunstform im Rest der Welt zu verbreiten und die japanische Kunst des Papierfaltens zu einer weltweiten Sensation zu machen.

Papierfalten in Europa

Auf der anderen Seite der Welt wurde eine andere Form des Papierfaltens geboren. Es wird angenommen, dass es zwei Hauptursprünge dieser Kunst in Europa gibt. Der erste ist eine Reihe von geometrischen, mathematischen Formen des Faltens. Diese spezifischen Muster wurden von den Mauren in Spanien eingeführt. Die Spanier nahmen dieses neue Konzept sehr gut auf und entwickelten daraus ihre eigene, einzigartige Kunstform, die pajarita.

Ein anderer europäischer Ursprung des Papierfaltens hat mehr Ähnlichkeiten mit dem japanischen Origami, da es ebenfalls aus einer anderen Form der Faltkunst entwickelt wurde. Im frühen siebzehnten Jahrhundert war es äußerst beliebt, Servietten zu komplizierten geometrischen Mustern und dreidimensionalen Figuren zu falten. Dies war vor allem bei Adeligen und Wohlhabenden beliebt, die diese Serviettenfalttechniken nutzten, um Gäste bei Feiern oder Dinnerpartys zu beeindrucken. Während dieser Zeit war es in den wohlhabenderen Familien nicht ungewöhnlich, einige dieser Falttechniken auf Papier anzuwenden, aber dies wurde eher als ein lustiges Hobby oder Zeitvertreib angesehen als ein echtes Handwerk oder eine Kunstform.

Erst im neunzehnten Jahrhundert wurde das Papierfalten populär, nachdem ein Mann namens Friedrich Fröbel das Konzept in die Kindergärten brachte. Eine der Freizeitund Bildungsaktivitäten im Lehrplan war das Papierfalten, bei dem Serviettenfalttechniken angewendet wurden, um den Kindern zu helfen, niedliche, lustige Figuren zu falten. Als die Kinder ihren Eltern zeigten, was sie gelernt hatten, weckte das auch das Interesse der Erwachsenen. Als diese neue Art des Serviettenfaltens immer beliebter wurde und sich in ganz Europa verbreitete, wurden neue Techniken angewandt, und das Papierfalten entwickelte sich zu einer eigenen Kunstform. Als sich europäische und japanische Kulturen trafen und begannen, miteinander zu interagieren, wurden Serviettenund Papierfalttechniken ausgetauscht und die Kunst wurde noch interessanter und vielfältiger.

Modernes Origami

Das moderne Origami, das wir heute kennen, hat einige signifikante Unterschiede zu der Kunstform, die während der Edo-Zeit praktiziert wurde.

An erster Stelle steht die Tatsache, dass derjenige, der neue Origami-Faltfolgen kreiert, Anerkennung erhält. Traditionell wurden Origami-Techniken und -Sequenzen mündlich von Generation zu Generation weitergegeben, etwa indem eine Frau ihren Kindern und deren Freunden eine Origami-Sequenz beibrachte, die sie von ihrer eigenen Mutter gelernt hatte. Wenn neue Faltfolgen entstanden, wurden sie anonym in der Gemeinschaft eingeführt. Ein Beispiel: Eine junge Frau kreiert eine neue Sequenz und zeigt sie ihren Freunden. Alle diese Freunde zeigen diese neue Sequenz dann ihren Freunden, und so weiter, bis das ganze Dorf die neue Sequenz gelernt hat und sich niemand mehr so recht erinnern kann, woher sie stammt. So blieben die genialen Schöpfer dieser Techniken und Sequenzen der Geschichte unbekannt, und niemand kann eine Sequenz zu ihrem Ursprungsort zurückverfolgen.

Dies änderte sich im 20. Jahrhundert, als ein Sōtō-Priester als erster Mensch überhaupt eine Origami-Sequenz registrieren und patentieren ließ und damit die Anerkennung für seine neue Schöpfung beanspruchte. Dieser monumentale Akt inspirierte einen neuen Glauben, dass diejenigen mit dem Intellekt und der Kunstfertigkeit, neue Sequenzen zu schaffen, die gebührende Anerkennung für ihre Fähigkeiten erhalten sollten. Das bedeutete, dass mehr und mehr Künstler begannen, ihre Arbeit zu patentieren, und neue Origami-Sequenzen wurden sogar urheberrechtlich geschützt. Dies machte Origami zu einer viel persönlicheren Form der Kunst. Zusammen mit der begrenzten Möglichkeit, eine Sequenz mündlich zu lehren, schuf dieses Format auch ein Problem mit der Zugänglichkeit. Wenn man eine bestimmte Origami-Sequenz lernen wollte, musste man jemanden finden, der wusste, wie man sie faltet, und ihn dann überzeugen, sie einem beizubringen. Aus diesem Grund blieben die Sequenzen in der Regel innerhalb der Familien oder Gemeinschaften, in denen sie entstanden, und obwohl es einige gab, die Anleitungen für ihre Sequenzen aufschrieben, hatte jeder seine eigene Art, es zu tun, und die Sprache blieb eine Barriere.

In den 1930er Jahren entwickelte ein Mann namens Akira Yoshizawa ein System zur Dokumentation von Faltfolgen durch die Verwendung von Diagrammen, Linien und Pfeilen. Dieses Diagrammsystem war leicht zu verstehen und hatte nicht die Einschränkungen, die die Sprachbarrieren mit sich brachten, und zwanzig Jahre später begannen die Origami-Faltsequenzen weltweit unter Verwendung dieses Systems veröffentlicht zu werden. Diese neue Verfügbarkeit und der einfache Zugang zu den Sequenzen trugen wesentlich zu dem neuen Popularitätsschub bei, den die Origami-Kunst in der modernen Gesellschaft erfahren hat. Ein weiterer wesentlicher Unterschied zwischen traditionellem und modernem Origami ist die Freiheit in der Anwendung und Nutzung des Origami. Mit der Veröffentlichung von The New Origami Art und den neuen Techniken, die durch verschiedene Kulturen eingeführt wurden, wurde den Origami-Künstlern viel mehr Freiheit zugestanden. Sie konnten ihr Papier so modifizieren, dass es besser zu ihren Entwürfen passte, und eine ganze Welle neuer Origami-Kreationen wurde in die Welt hinausgelassen, sowohl für diejenigen, die Origami als Hobby praktizieren, als auch für diejenigen, die die Kunst in professionellen Kreisen verfolgen. Den Künstlern wurde erlaubt, viel komplizierstere und stabilere Designs und Faltfolgen zu kreieren. Selbst diejenigen, die den traditionellen Methoden folgen und ein einziges Stück Papier verwenden, sind zu viel fortschrittlicheren und komplexeren Techniken fähig als das, was in der Vergangenheit möglich war. Komplexe mathematische Gleichungen werden oft verwendet, um das Papier in bestimmten Bereichen vor dem Falten zu falten, um tiefere Dimensionen, realistischere Modelle und kompliziertere Faltfolgen zu schaffen, was eine ganz neue Ebene der Kunstfertigkeit in die wunderbare Kunst des Origami bringt.

Der letzte bedeutende Unterschied ist der Zweck von Origami. Die Tradition, Origami und Origata für bestimmte Rituale zu verwenden, lebt immer noch weiter. Während Origami immer noch am häufigsten als lustiger Zeitvertreib verwendet wird, um interessante Dekorationen und Geschenke zu machen, hat sich diese Kunst zu viel mehr als das entwickelt. Mit der Anerkennung von Künstlern für ihre Kreationen werden großartige Origami-Kunstwerke als künstlerische Errungenschaften gewürdigt und sind in Kunstausstellungen und Galerien weltweit zu finden.

Es werden sogar neue Faltfolgen speziell für den Zweck geschaffen, große Kunstwerke zu konstruieren. Auch die Situationen, in denen man Origami verschenkt, haben sich stark verändert. Ursprünglich wurden Origami-Geschenke zu bestimmten Anlässen wie religiösen Zeremonien, Hochzeiten und Beerdigungen überreicht, bei denen das Geschenk eine bestimmte kulturelle oder spirituelle Bedeutung hatte. Dieser Brauch besteht zwar immer noch, aber Origami-Geschenke sind inzwischen viel verbreiteter, und man kann einem Freund ein süßes kleines Papiertier schenken, einfach weil einem danach ist. In der heutigen Zeit ist der Hauptzweck eines Origami-Geschenkes, Ihre neue Kunst mit anderen zu teilen und jemandem zu zeigen, dass Sie sich genug um ihn kümmern, um Zeit und Mühe in die Herstellung von etwas für ihn zu investieren, anstatt einfach etwas zu kaufen. Origami ist auch eine schöne Art, Geschenke zu überreichen, wie z.B. das Falten von Blumen, um sie auf eine Karte zu legen, Schachteln, um Geschenke darin zu verstauen, oder einfache Objekte, die eine liebevolle Botschaft offenbaren, wenn man sie auffaltet. Es ist auch populär geworden, Origami mit Papierscheinen als eine clevere, kreative Art, jemandem Geld zu schenken, zu verwenden.

Auch die Popkultur und die moderne Technologie haben ihre Spuren im modernen Origami hinterlassen. Mit Computern und dem Internet ist es einfacher als je zuvor, eine Origami-Sequenz in die Hände zu bekommen, und auch das Erstellen und Teilen neuer Diagramme ist ein Kinderspiel. Dies, zusammen mit der Tatsache, dass es eine erschwingliche Kunstform ist, ist einer der Hauptgründe, warum Origami heute so unglaublich beliebt ist. Ein weiterer Grund, warum Origami so beliebt ist, ist die Tatsache, dass es in allen beliebten Filmen, Serien, Animes und Büchern verwendet wurde. Es wird nicht schwierig sein, Anleitungen zu finden, wie Sie Ihre Lieblingsfilmfigur oderikone aus Papier falten können.

Symbolik im Origami

In der heutigen Zeit hat nicht mehr jedes einzelne Stück Origami und jede Falte eine tiefere Bedeutung oder Symbolik als früher, aber es gibt einige alte, traditionelle Origami-Figuren, die immer noch die kulturelle Bedeutung haben, die sie einst während der Edo-Zeit hatten. Diese werden oft als Geschenk mit einem bestimmten Zweck und einer bestimmten Symbolik verschenkt.

Schachteln und Umschläge

Obwohl dekorative Schachteln und Umschläge, die aus Papier gefaltet werden, nicht unbedingt auf Geschenke und Hochzeitsgeschenke beschränkt sind, ist es immer noch ein beliebter Brauch, selbst Schachteln zu basteln, um kleine Geschenke zu überreichen und so zu zeigen, dass man sich um den Empfänger kümmert und dass er etwas Besonderes für einen ist. Besonders beliebt ist es, diese handgemachten Geschenke an Freunde, Familie und Angehörige zu verschenken.

Samurai-Helm

Samurai sind in der japanischen Kultur das, was Ritter in glänzender Rüstung in unserer sind. Sie sind wilde, tapfere Krieger, die für das Königreich kämpfen und böse Bestien erschlagen. Die Samurai stehen für Mut und Ritterlichkeit und natürlich für Männlichkeit - jeder Junge träumt davon, irgendwann in seiner Jugend ein Samurai zu werden. Ein Origami-Samurai-Helm trägt etwas von dieser Symbolik in sich und ist zu einem der häufigsten Symbole für den 5. Mai geworden, der in Japan als „Boy's Day" oder „Children's Day" gefeiert wird. Dieser Feiertag feiert die gesunde Geburt und das Wachstum von Kindern, insbesondere von Jungen. Während dieses Feiertags werden Häuser und Gebäude oft mit Origami-Samurai-Helmen geschmückt. Ein anderer beliebter Brauch an diesem Tag ist es, einen großen Helm aus Zeitungspapier zu falten, den ein Kind den ganzen Tag über tragen kann.

Tsuru

Der Kranich ist wahrscheinlich die ikonischste Origami-Figur der Welt, auch wenn es sich um eine ziemlich komplizierte Sequenz handelt. In der japanischen Kultur ist der Kranich ein majestätisches Symbol für Frieden, Treue und Langlebigkeit. Diese Symbolik hat sich in vielerlei Hinsicht auf die Papierform dieses Vogels übertragen. Der Kranich wird oft gefaltet und als Gebet für den Frieden verschenkt. Aufgrund seiner Assoziation mit langem Leben wird er auch als Symbol für Gesundheit verwendet und wird oft an Kranke oder Verletzte verschenkt, um ihnen zu wünschen, dass sie bald wieder gesund werden.

Um den Papierkranich rankt sich auch eine sehr interessante Legende: Es wird geglaubt, dass wenn man es schafft, 1.000 Kraniche zu falten, sein einziger, tiefster Wunsch erfüllt wird. Aufgrund dieses Glaubens und der Assoziation mit Gesundheit und langem Leben ist es zu einem Brauch geworden, einen senbazuru zu machen. Ein Senbazuru wird hergestellt, indem man 1.000 Kraniche faltet und sie mit Schnüren zusammenbindet. Diese Kranichschnüre werden dann an Menschen verschenkt, die schwer krank sind oder eine Naturkatastrophe erlitten haben. Es ist nicht ungewöhnlich, ein oder zwei senbazuru zu sehen, wenn man ein Krankenhaus in Japan besucht. Der Senbazuru steht auch für einen großen Wunsch nach Frieden in der Welt.

Tatsu

Drachen sind in der chinesischen, japanischen und vietnamesischen Kultur seit langem ein Symbol der Macht, und obwohl östliche Drachen ganz anders aussehen als die, die wir kennen, gibt es Origami-Sequenzen, um beide Arten zu falten. Origami-Drachen werden normalerweise gefaltet, um großes Glück und Erfolg in Ihr Leben einzuladen, und sie können auch als ein Weg geschaffen werden, um emotionale Stärke während schwieriger Zeiten anzufordern. Origami-Drachen werden auch verschenkt, wenn jemand etwas Neues beginnt oder einen wichtigen Schritt im Leben macht - wie z.B. einen neuen Job antritt, in ein neues Haus zieht oder eine wichtige Prüfung ablegt - und man ihm viel Glück wünschen möchte. Origami-Drachen können auch verschenkt oder an einem Geschenk befestigt werden, um jemandem Erfolg und Glück im Leben im Allgemeinen zu wünschen.

Neko

Katzen sind seit jeher ein wichtiger Teil der japanischen Kultur und stehen für Unabhängigkeit, Weisheit und Geheimnisse und sind seit langem ein Symbol für Glück. Es wird geglaubt, dass Katzen großes Glück bringen können, besonders wenn es um Geschäfte geht, und in gewisser Weise werden Katzen mit finanziellem Wohlstand in Verbindung gebracht. Katzen sind ein so hervorragender Glücksbringer, dass eine Katzenfigur mit einer winkenden Pfote, auch bekannt als Maneki-Neko, zu einem Must-Have für Unternehmen in ganz Japan und China geworden ist. Diese winkende Katze findet man an den Eingängen von Restaurants, Geschäften und sogar in den Büros von kleinen Unternehmen, um Glück zu bringen und gute Geschäfte einzuladen. Eine Origami-Katze zu falten und sie bei sich zu tragen, kann eine großartige Möglichkeit sein, Glück und finanziellen Erfolg in Ihr Leben einzuladen. Es gibt Dutzende von Faltfolgen für Origami-Katzen, und Sie können sogar lernen, wie man speziell eine Maneki-Neko faltet.

Kaeru

Das japanische Wort für „Frosch" ist auch das japanische Wort für „Rückkehr". Der Frosch ist also ein spirituelles Symbol für die Rückkehr des Verlorenen. Origami-Frösche werden oft gefaltet und verschenkt, um dieses Konzept der Rückgabe von Dingen zu fördern. Der häufigste Brauch ist es, einen kleinen Origami-Frosch in der Brieftasche oder im Geldbeutel zu tragen, in der Hoffnung, dass man das Geld, das man ausgeben will, bald zurückerhält. So steht der Frosch für solide Investitionen und Weisheit in finanziellen Angelegenheiten. Wenn Sie die ultimative finanzielle Hilfe wollen, sollten Sie immer eine Origami-Katze und einen Frosch zusammen bei sich tragen, wobei die Katze das Glück und den Reichtum einlädt und der Frosch dafür sorgt, dass Sie beim Ausgeben dieses Reichtums weise arbeiten.

Ein anderer beliebter Brauch ist es, Origami-Frösche an Menschen zu verschenken, um deren Rückkehr zu sichern. Wenn jemand auf eine Reise geht, wird ihm ein Frosch geschenkt, um ihm eine sichere Reise und eine sichere Rückkehr zu wünschen. Wenn ein Kind aus dem Haus zieht oder ein Freund oder Familienmitglied weit weg zieht, ermutigt der geschenkte Frosch sie, ihn bald und oft zu besuchen.

Chocho

Schmetterlinge haben in verschiedenen Kulturen sowohl positive als auch negative Assoziationen, aber in der japanischen Kultur haben sie eine sehr schöne Bedeutung. Ein Schmetterling repräsentiert all die Hoffnungen und Wünsche eines jungen Mädchens beim Übergang in die Weiblichkeit.

In der japanischen Kultur falten junge Mädchen oft Origami-Schmetterlinge, um diese Hoffnungen und Träume irgendwie auszudrücken und festzuhalten.

Zwei Schmetterlinge zusammen tragen eine neue Bedeutung und repräsentieren eine glückliche, glückselige Ehe. Aus diesem Grund werden Papierschmetterlinge oft als Dekoration bei Hochzeiten verwendet, und es ist ein beliebter Brauch, alle Geschenke, die dem Brautpaar überreicht werden, mit einem schönen Origami-Schmetterlingspaar zu verzieren.

Symbole

Lines

——————————— Kantenlinie. Zeigt die Papierkante.

——————————— Geknickte Linie. Zeigt die Falzlinie vom vorherigen Schritt.

— — — — — — — Talfaltenlinie. Zeigt die Falz, wenn die Papierkante nach unten zeigt.

—·—·—·—·—·—·— Berg-Falzlinie. Zeig den Falz, wenn die Papierkante nach oben zeigt.

························· Imaginäre Linie. Zeigt die Papierposition, nachdem der Schritt ausgeführt wurde.

Arrows

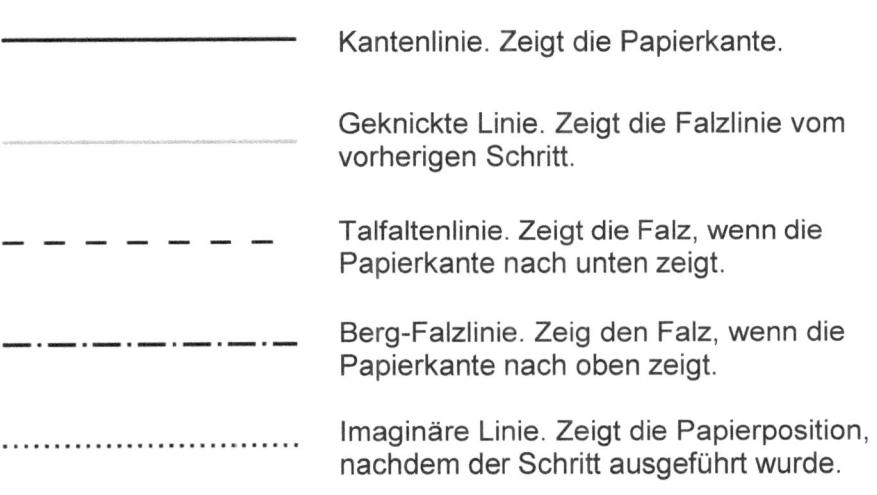

Richtungspfeil. Zeigt die Richtung an, in die das Papier gefaltet werden soll.

Pfeil zum Falten und Entfalten. Zeigt an, dass nur Falzlinie gemacht werden muss.

 Pfeil zum Wenden. Zeigt an, dass Modell für weitere Schritte umgedreht werden soll.

 Quetschpfeil. Zeigt an, dass das Papier nach unten gedrückt werden muss.

 Pfeil zum Drehen. Zeigt die Richtung an, in die das Modell gedreht werden soll.

Falten

Talfalte

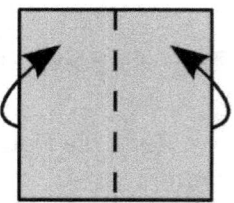 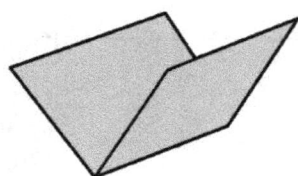

Falten Sie die Seiten nach oben und lassen Sie dabei die Faltkante nach unten gehen. Das Papier bildet eine Figur, ähnlich einem Tal.

Bergfalte

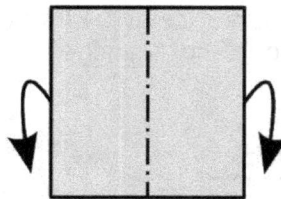 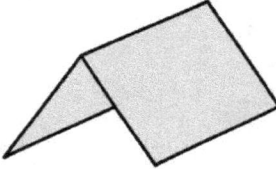

Falten Sie die Seiten nach unten und lassen Sie die Faltkante nach oben gehen. Das Papier bildet eine Figur, die einem Berg ähnelt.

Quetschfalte

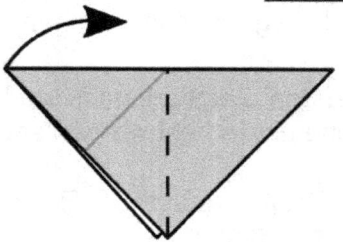 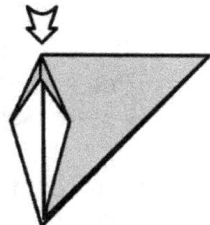 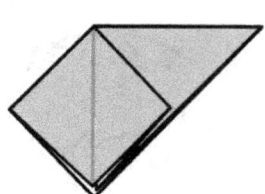

Falten in zwei Stufen. Zuerst wird die Ecke senkrecht nach oben gefaltet und dann wird sie mit Hilfe von bereits vorgefertigten Linien nach unten gedrückt.

Modell Liste

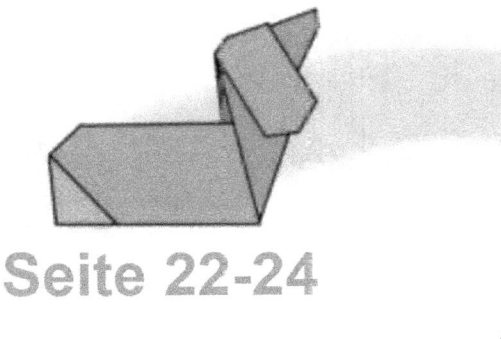

Seite 22-24

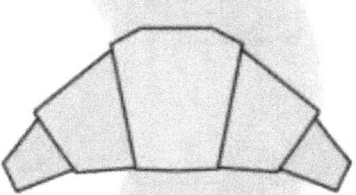

Seite 25-27

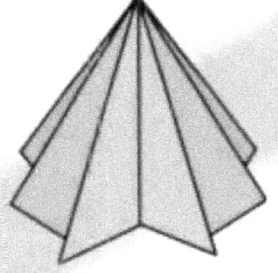

Seite 28-30

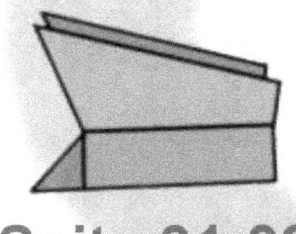

Seite 31-32

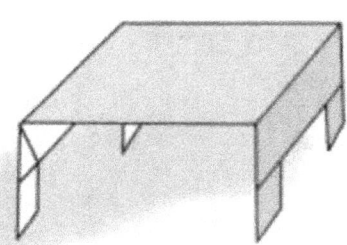

Seite 33-34

Seite 35-36

Seite 37-41

Seite 42-43

Seite 44-47

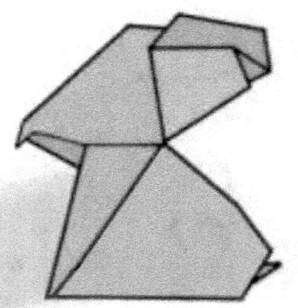

Seite 48-50

Seite 51-52

Seite 53-55

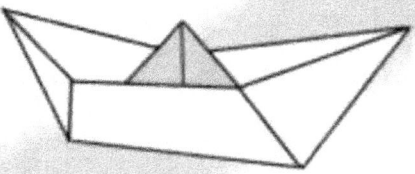
Seite 56-58

Seite 59-61

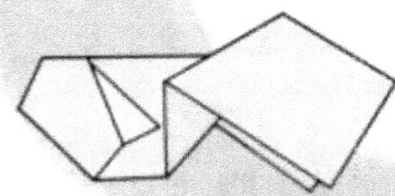
Seite 62-64

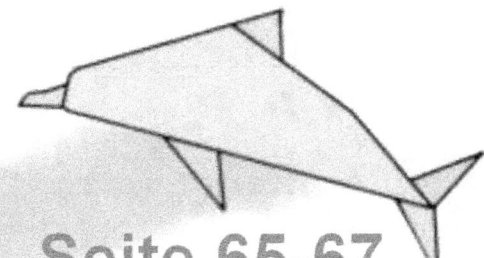
Seite 65-67

Dachs

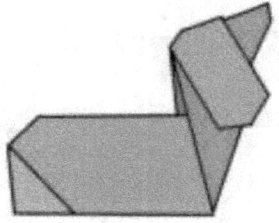
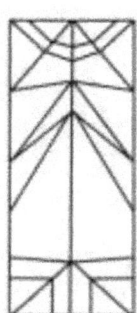

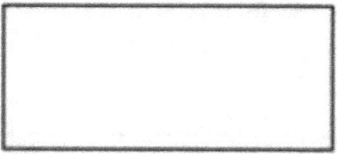
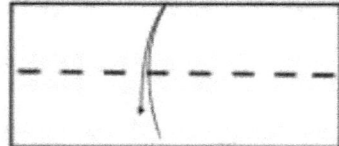

1. Beginne mit der weißen Seite nach oben.
2. Falte und entfalte in der Hälfte.

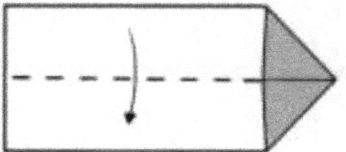

3. Falte die Ecken zur Mitte.
4. In der Hälfte falten.

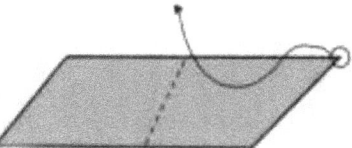

5 Nach innen falten.   6 Mach eine Taschenfaltung.

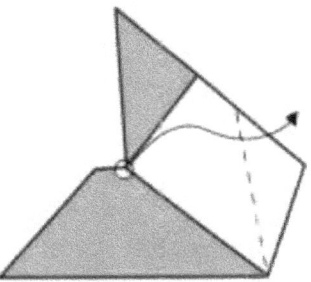

7 Taschenfalte an der gestrichelten Linie.   8 Mach eine Stufenfaltung in den gestrichelten Linien, um den Kopf zu bilden.

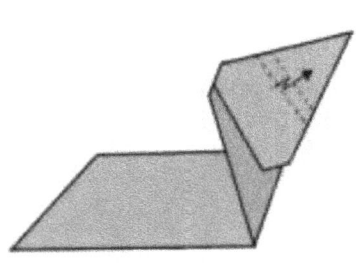
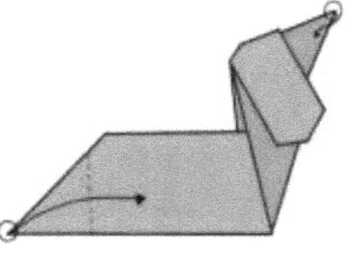

9 Schrittfalte.   10 Falte nach rechts und falte den Nasenteil nach innen.

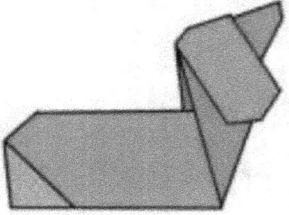

11 Fertiger Dachs!

Croissant

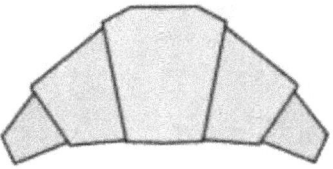 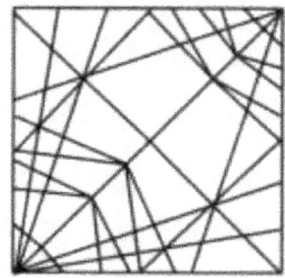

1. Beginne mit der weißen Seite nach oben.

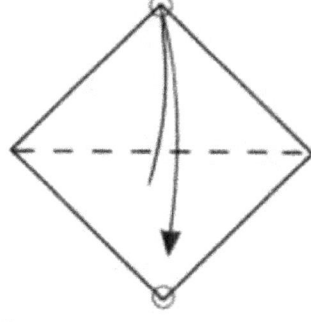

2. Falte und entfalte in der Hälfte diagonal.

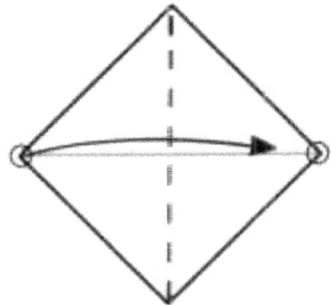

3. In der Hälfte falten und entfalten.

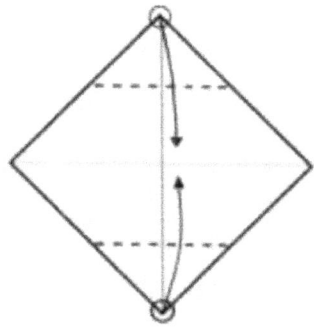

4. An den gestrichelten Linien falten.

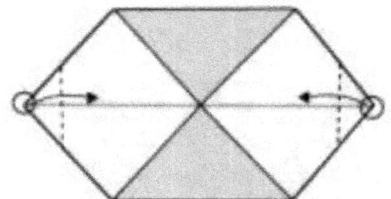 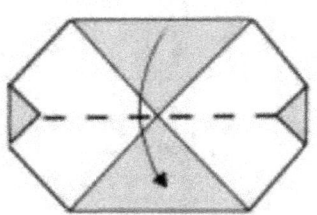

5 Falte die Ecken nach innen.

6 In der Hälfte falten.

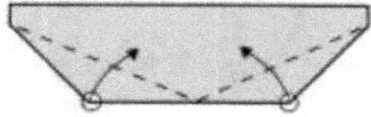 

7 An den gestrichelten Linien nach oben falten.

8 Schrittfalte.

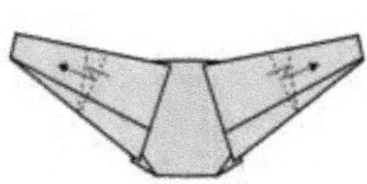 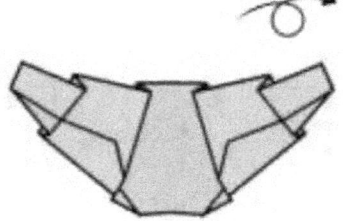

9 Erneut stufenweise falten.

10 Umdrehen.

26

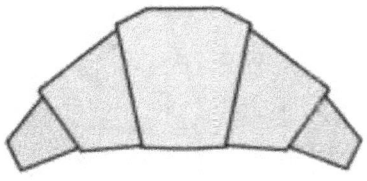

11 Fertiges Croissant!

Weihnachtsbaum

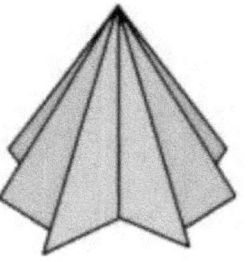 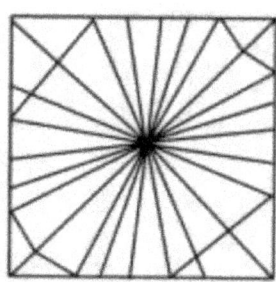

1 Beginne mit der weißen Seite nach oben.

2 Falte und entfalte in der Hälfte diagonal.

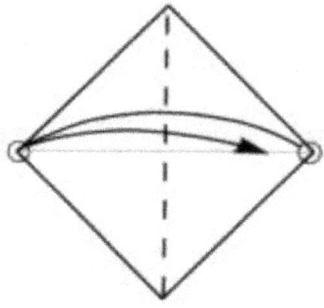 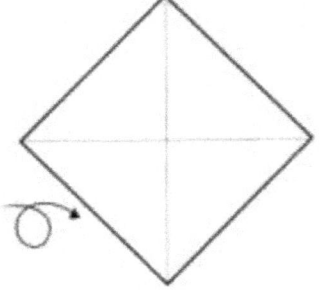

3 Falte und entfalte in der anderen Diagonale.

4 Drehe das Modell um.

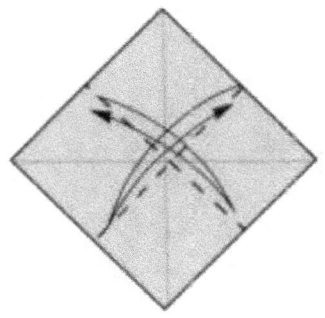
5 Falte und entfalte an der gestrichelten Linie.

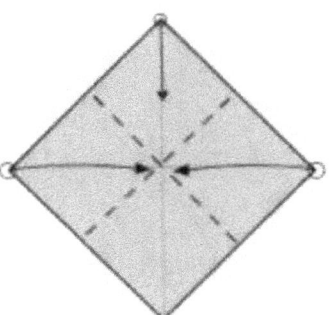
6 Mach eine Taschenfaltung mit den im vorherigen Schritt erstellten Falten.

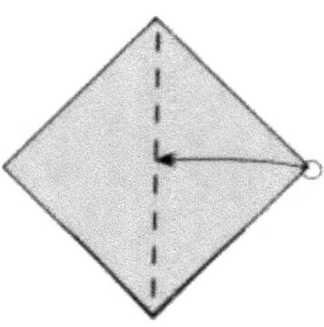
7 Öffne die rechte Ecke.

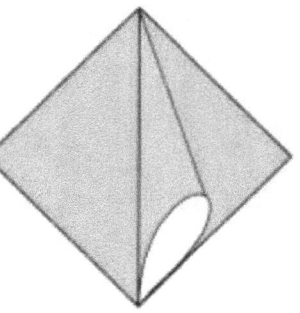
8 Mach eine Quetschfalte.

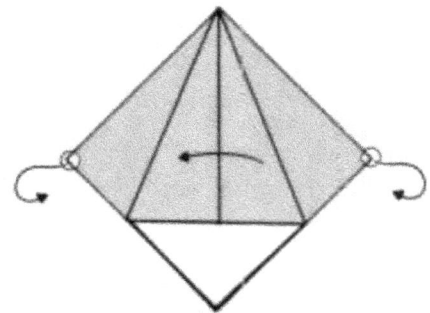
9 Wiederhole Schritt 7 und 8 für die anderen Seiten.

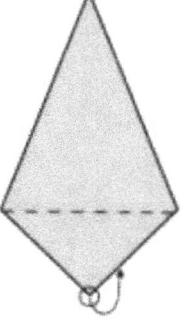
10 Falte die Innenseite an der gestrichelten Linie.

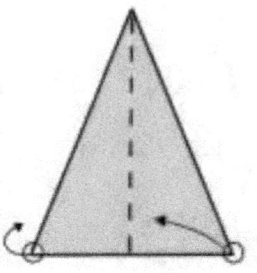
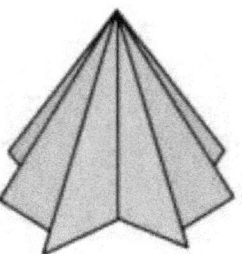

11 Trenn die Lagen, indem du sie nach links faltest.

12 Fertiger Weihnachtsbaum!

Schmetterling

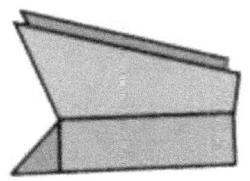 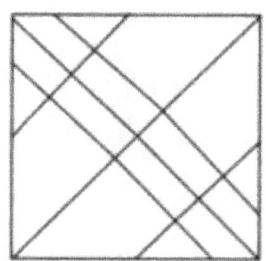

1 Beginne mit der weißen Seite nach oben.

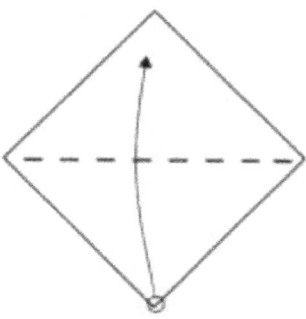

2 Falte diagonal zur Hälfte.

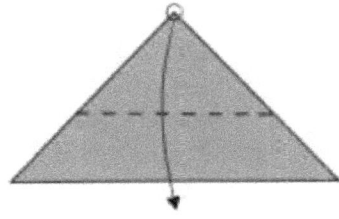

3 Nach unten falten.

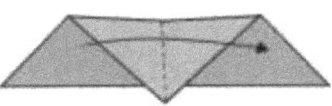

4 In der Hälfte falten.

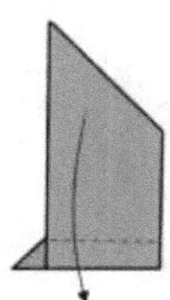

5 Falte die Flügel nach unten.

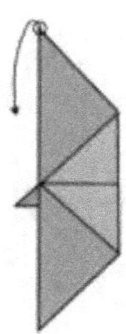

6 Falte auch den anderen Flügel nach unten.

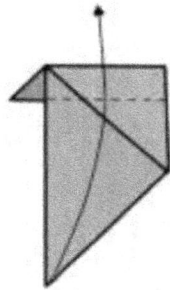

7 Falte die Flügel an den gestrichelten Linien nach oben.

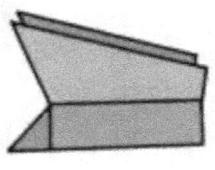

8 Fertiger flatternder Schmetterling!

Tisch

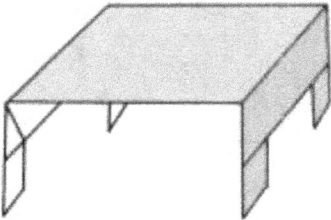 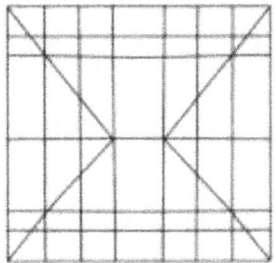

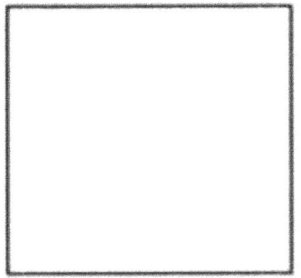

1. Beginne mit der weißen Seite nach oben.

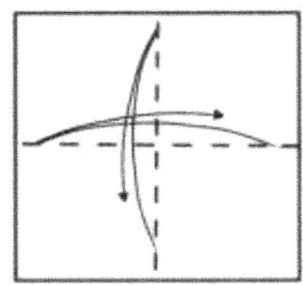

2. Falte zweimal zur Hälfte.

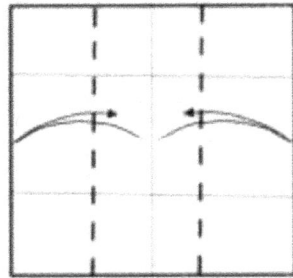

3. Falte und entfalte zur Mittellinie.

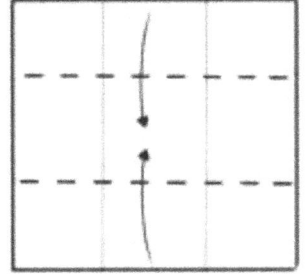

4. Falte die gestrichelten Linien ein.

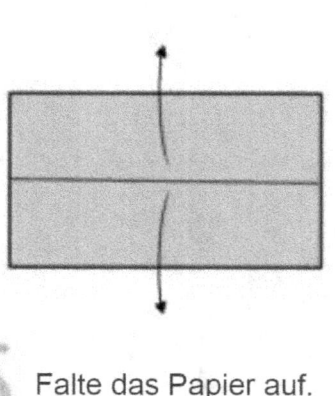

5 Falte das Papier auf.

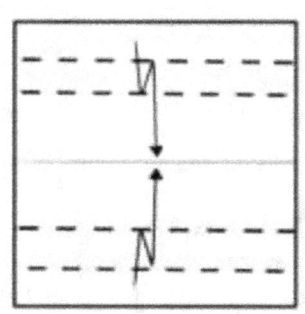

6 Falte die gestrichelten Linien ein.

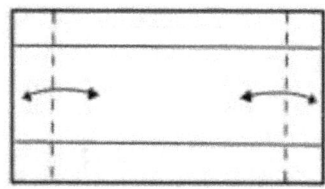

7 Falte und entfalte bis zu den markierten Punkten.

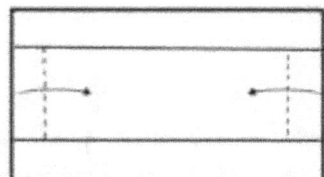

8 Falte die inneren Lagen nach innen.

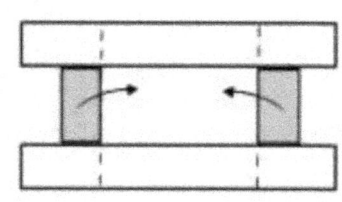

9 Falte die gestrichelten Linien ein.

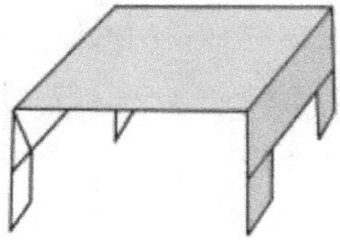

10 Fertiger Tisch!

T-Shirt

 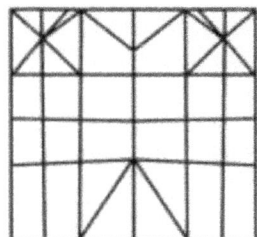

1. Beginne mit der weißen Seite nach oben.

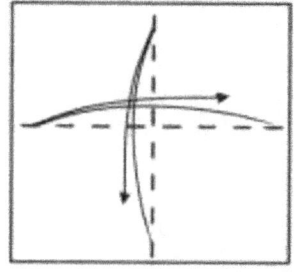
2. Falte und entfalte an den gestrichelten Linien.

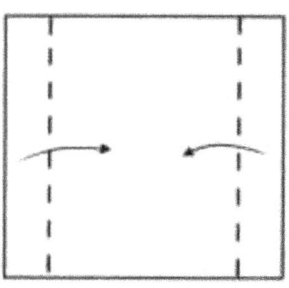
3. Falte die beiden Seiten an den gestrichelten Linien.

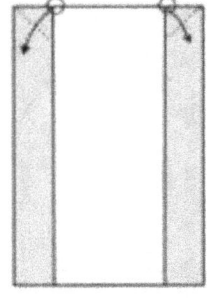
4. An den gestrichelten Linien diagonal nach unten falten.

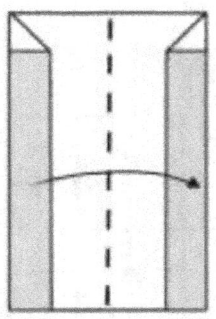

5 In der Hälfte falten.

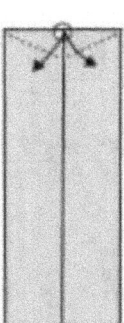

6 An den gestrichelten Linien nach unten falten.

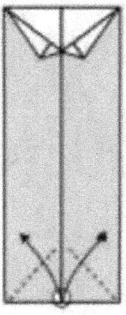

7 Nach oben falten.

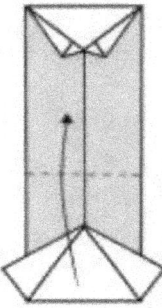

8 An der gestrichelten Linie hochfalten.

9 Zurückfalten.

10 Fertiges T-Shirt!

Tukan

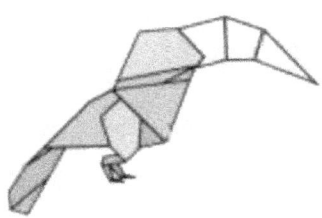
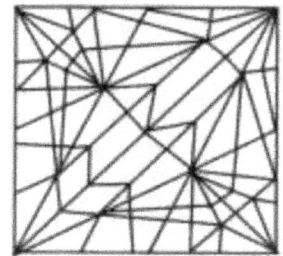

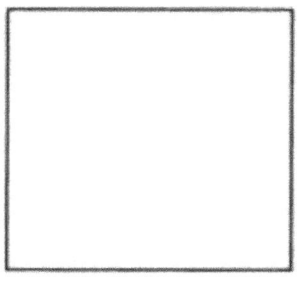
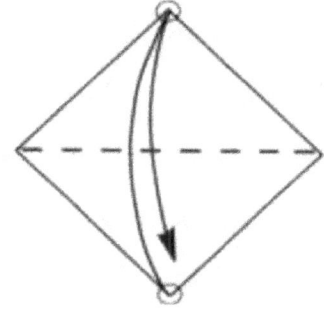

1 Beginne mit der weißen Seite nach oben.

2 Falte und entfalte in der Hälfte diagonal.

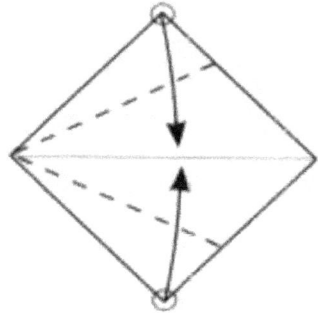
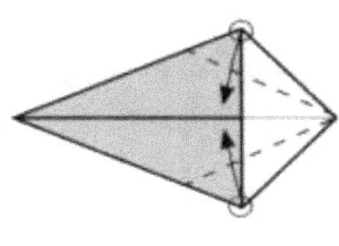

3 Falte die Ecken zur Mitte.

4 Falte die gestrichelten Linien ein.

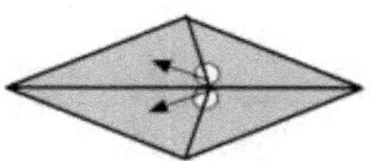 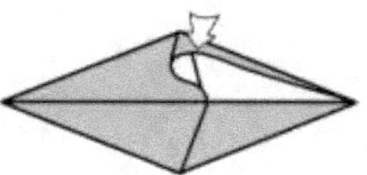

5 Öffne die Taschen, indem du die Ecken zu den markierten Punkten bewegst.

6 Glätte die Taschen.

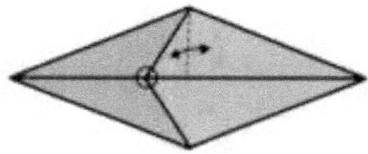 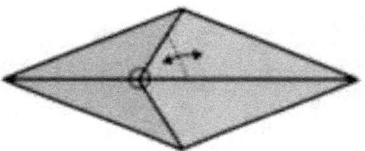

7 Falte und entfalte an der gestrichelten Linie.

8 An der gestrichelten Linie falten und entfalten.

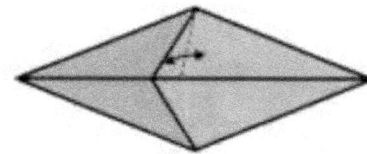 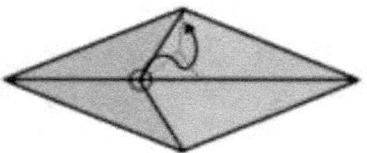

9 Falten und entfalten an der gestrichelten Linie.

10 Taschenfalte - Schritte 7, 8, 9, 10 wiederholen.

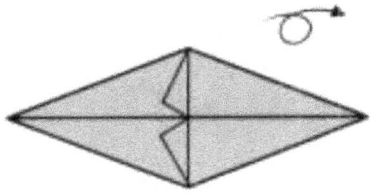 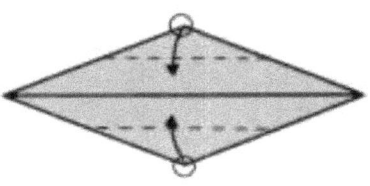

11 Modell umdrehen. **12** In der Mitte falten.

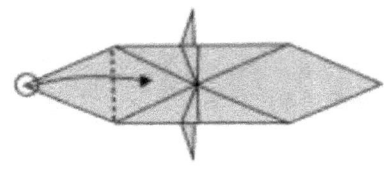 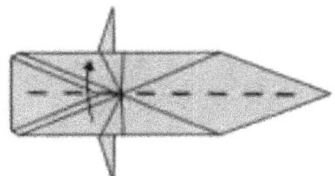

13 Nach rechts falten. **14** In der Hälfte falten.

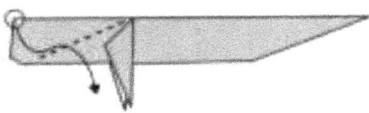 

15 Tasche nach unten falten. **16** Falte die gestrichelten Linien ein.

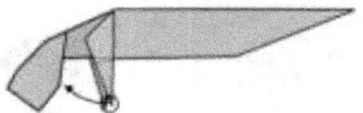
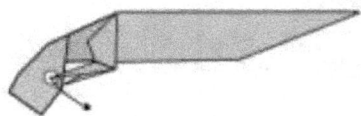

17 Falte das Bein nach links.

18 Falte die Spitze nach rechts.

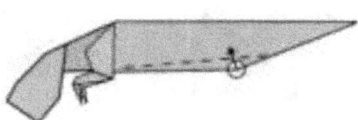
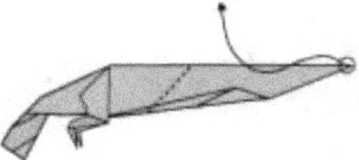

19 Falte an den gestrichelten Linien nach oben.

20 Tasche nach oben falten.

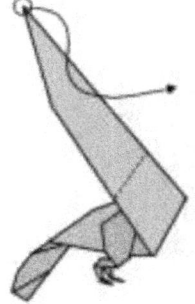
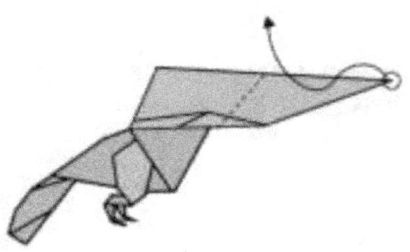

21 Mach einen Taschenfalz.

22 Tasche hochklappen.

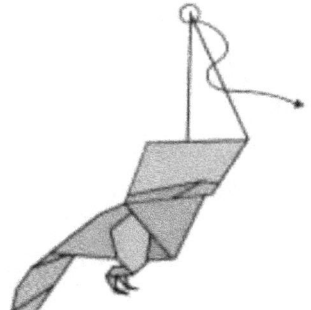 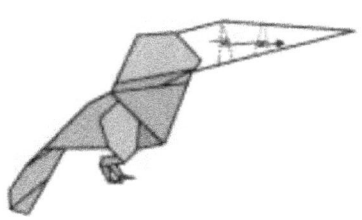

23 Taschenfalte nach rechts.

24 Schrittfalte an den gestrichelten Linien.

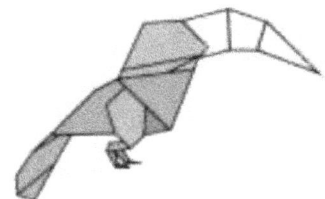

25 Fertiger Tukan!

Stern

 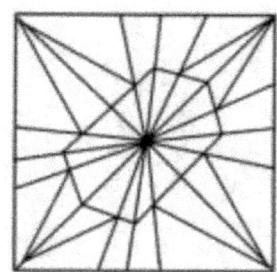

 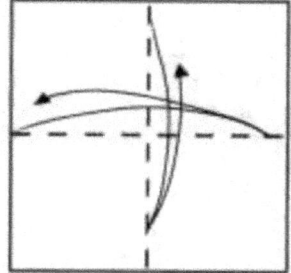

1. Beginne mit der weißen Seite nach oben.
2. Falte und entfalte an den gestrichelten Linien.

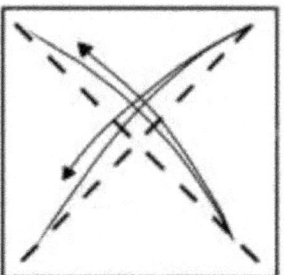 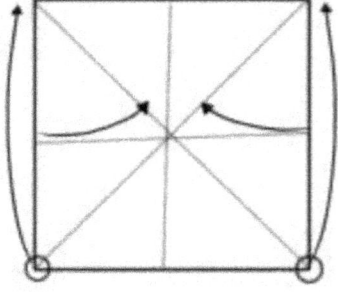

3. Falte und entfalte an den gestrichelten Linien.
4. Mach eine Taschenfaltung.

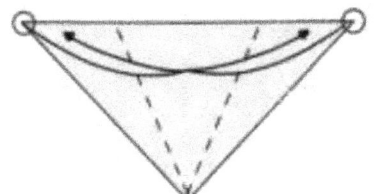
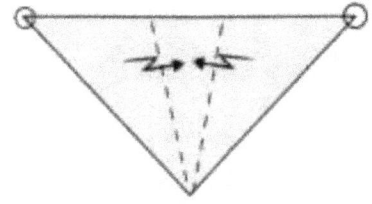

Falte und entfalte die linke und rechte Seite zur Mitte.

Mach eine Stufenfaltung an den gestrichelten Linien.

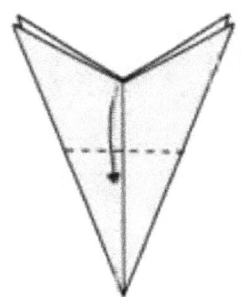
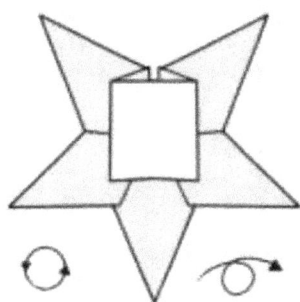

Nach unten falten.

Dreh das Modell und dreh es um.

Fertiger Stern!

Muschel

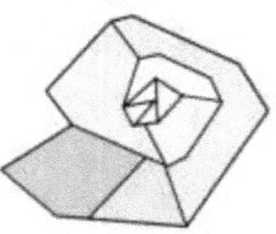
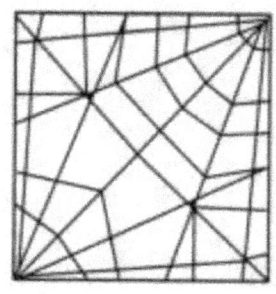

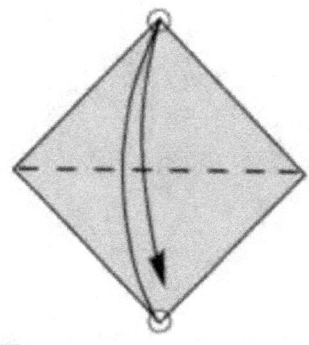

1. Beginne mit der weißen Seite nach oben.
2. Falte und entfalte in der Hälfte diagonal.

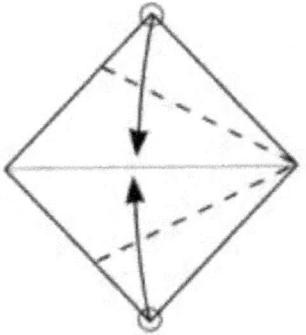
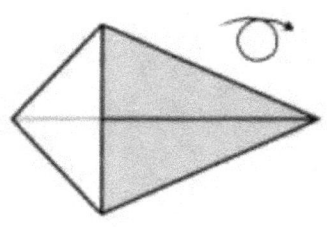

3. Falte die Ecken zur Mitte.
4. Umdrehen.

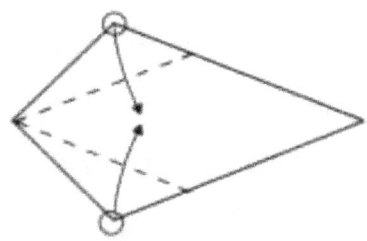 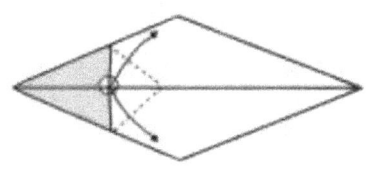

5 Falte die gestrichelten Linien ein.

6 Mach eine Stufenfaltung an den gestrichelten Linien.

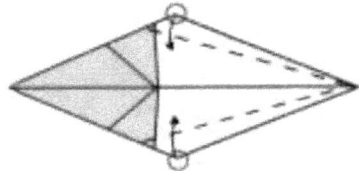 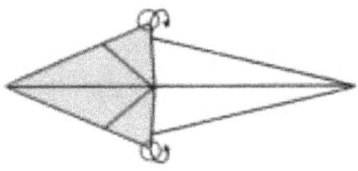

7 Falte die Rückseite.

8 Nach innen falten.

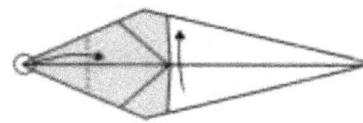 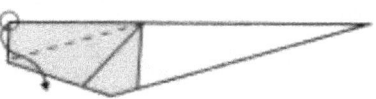

9 Falte die Spitze nach rechts und falte sie zur Hälfte.

10 Taschenfalz an der gestrichelten Linie.

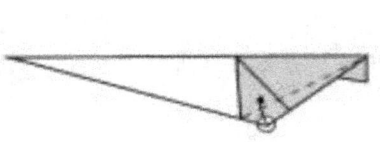

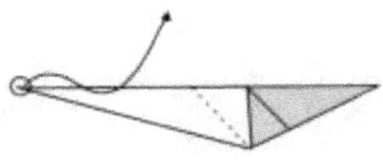

11 Nach innen falten.

12 Taschenfalte an der gestrichelten Linie.

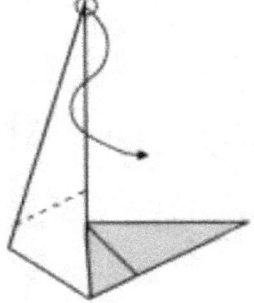

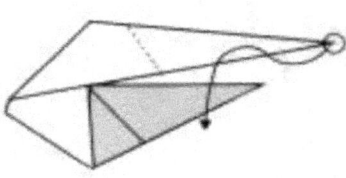

13 Taschenfalte nach rechts.

14 Taschenfalte.

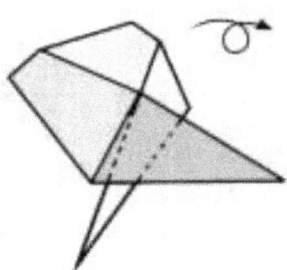

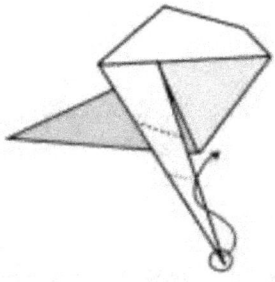

15 Umdrehen.

16 Weitere Taschenfalten, um Schale zu bilden.

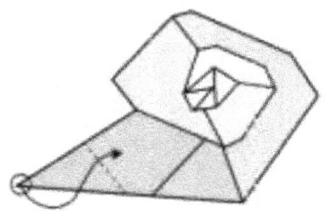 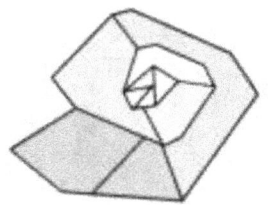

17 Mach eine Taschenfalte.

18 Fertige Schale!

Koala

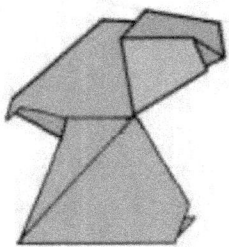 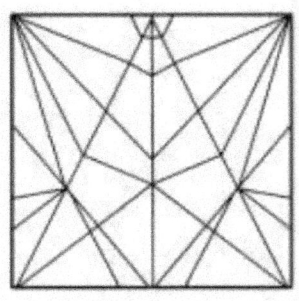

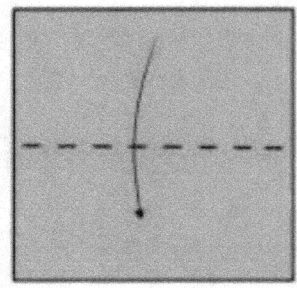

1 Beginne mit der farbigen Seite nach oben.

2 Falte in der Hälfte.

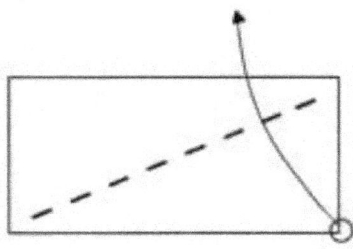

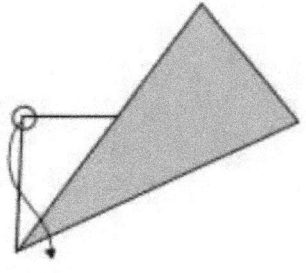

3 Falte an der gestrichelten Linie nach oben.

4 Taschenfalte nach innen.

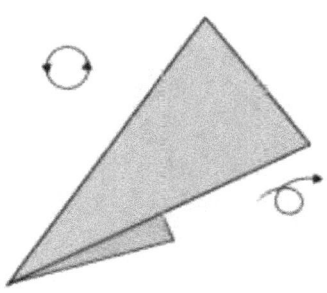
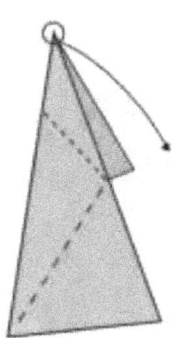

5 Drehe das Modell um und wende es.

6 Diagonal nach unten falten; forme Ohren und Vorderbeine.

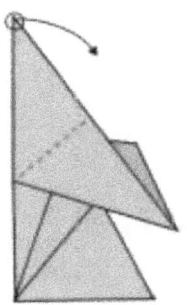
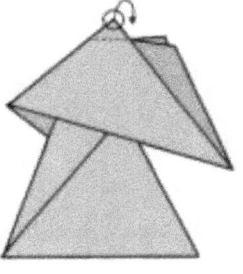

7 Zurückfalten.

8 Nach innen falten.

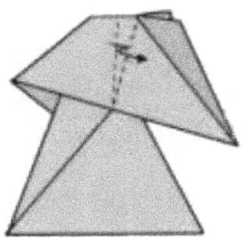
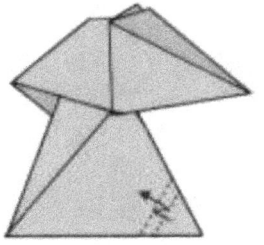

9 Mach eine Stufenfaltung.

10 Falte die Ohren.

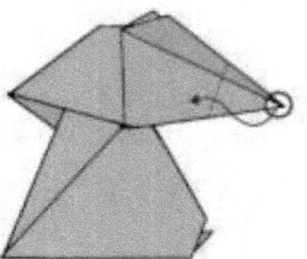

11 Falte die Ohren.

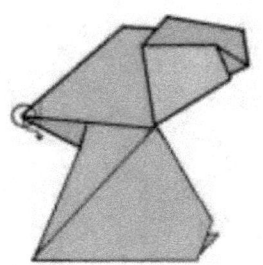

12 Falte die Nase nach unten.

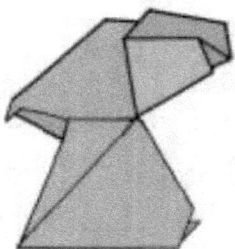

13 Fertiger Koala!

Eiscreme

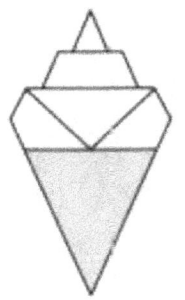 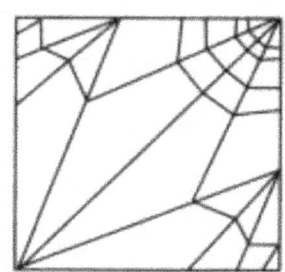

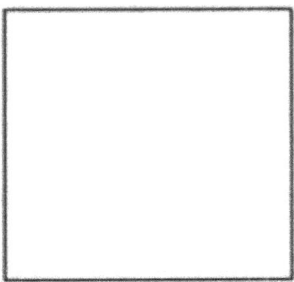

1. Beginne mit der weißen Seite nach oben.

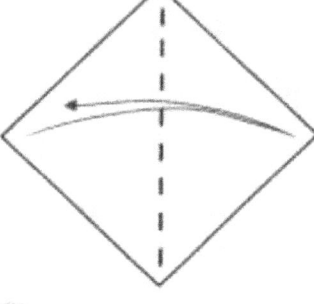

2. Falte und entfalte in der Hälfte diagonal.

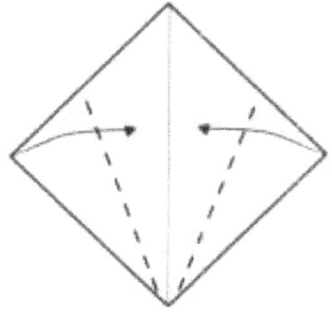

3. Falte zur Mitte.

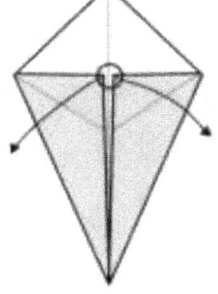

4. An dem markierten Punkten falten.

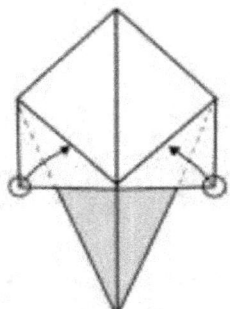 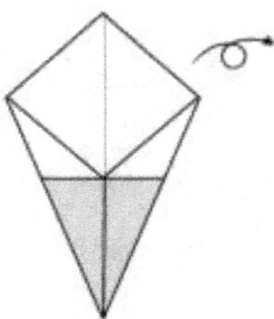

5 Falte an den gestrichelten Linien.

6 Umdrehen.

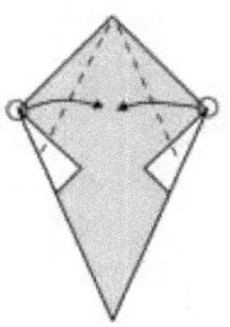 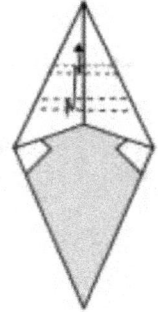

7 Zur Mitte falten.

8 Schrittfaltung an den gestrichelten Linien.

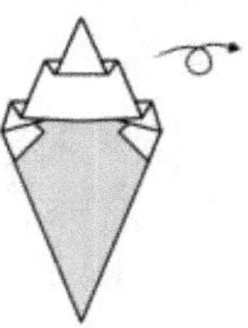 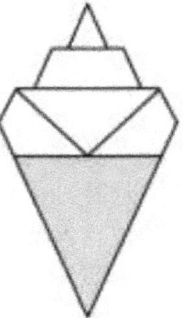

9 Dreh das Modell um.

10 Fertiges Eis!

Hase

 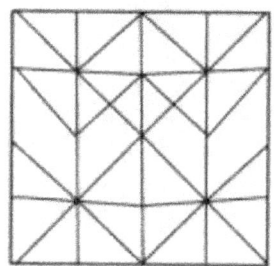

1. Beginne mit der weißen Seite nach oben.

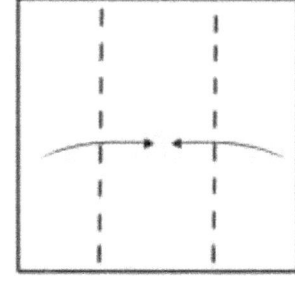
2. Falte zur Mitte.

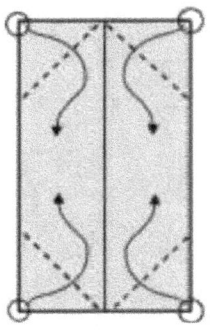
3. Taschenfalte die 4 Seiten.

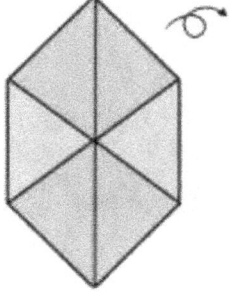
4. Das Modell umdrehen.

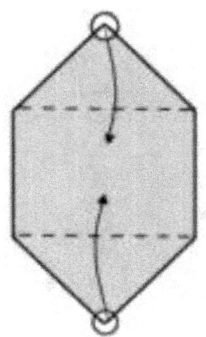
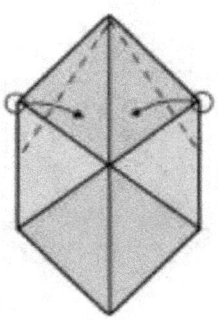

5 Falte an den gestrichelten Linien.

6 An den gestrichelten Linien zurückfalten.

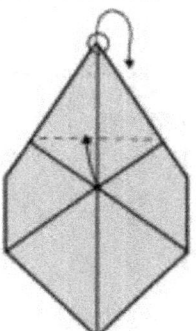
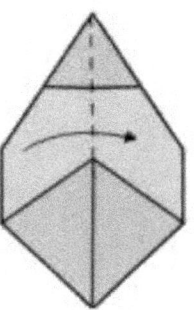

7 Zurückfalten.

8 In der Hälfte falten.

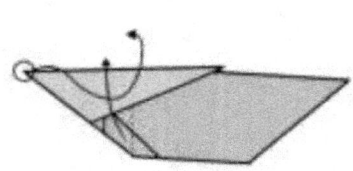
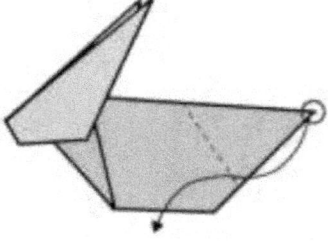

9 Taschenfaltung um den Kopf anzuheben und Spitze nach innen klappen.

10 Taschenfalte, um die Beine zu bilden.

54

11 Fertiger Hase!

Boot

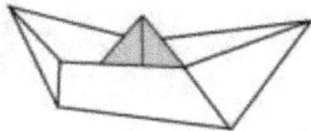
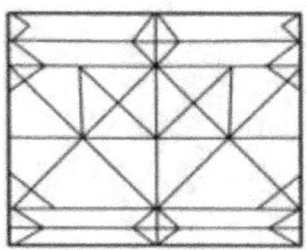

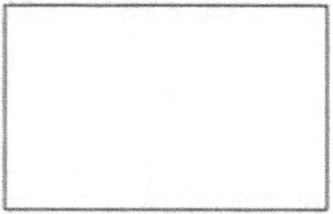
1 Beginne mit der weißen Seite nach oben.

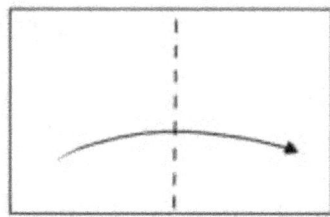
2 Falte in der Hälfte.

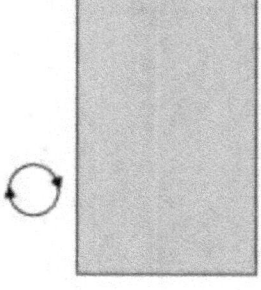
3 Drehe das Modell.

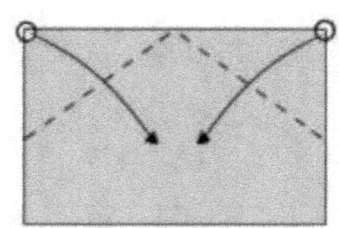
4 Falte die Ecken zur Mitte.

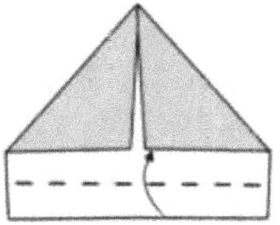
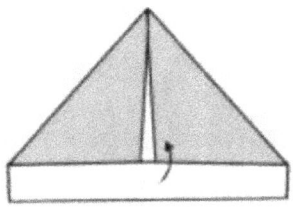

5 Falte nach oben.

6 Falte bis zum markierten Punkt.

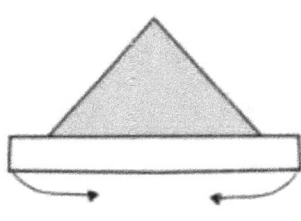
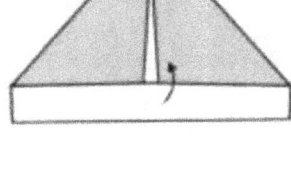

7 Öffne die Taschen.

8 Falte die Ecken nach unten, so dass sie aufeinander treffen.

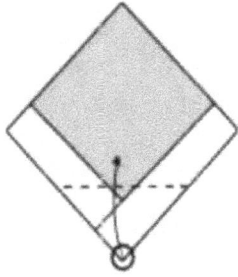
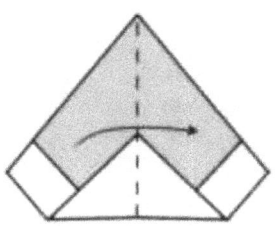

9 Falte an der gestrichelten Linie nach oben.

10 In der Hälfte falten.

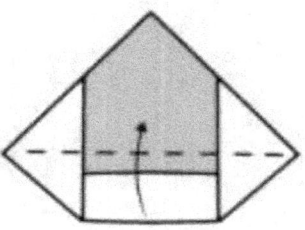 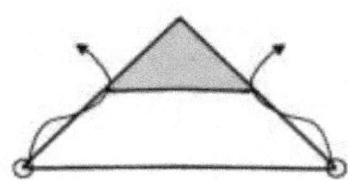

11 Nach oben falten.

12 Zieh die inneren Ecken heraus, um ein Boot zu bilden.

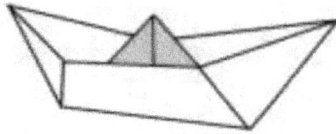

13 Fertiges Boot!

Mutterschaf

 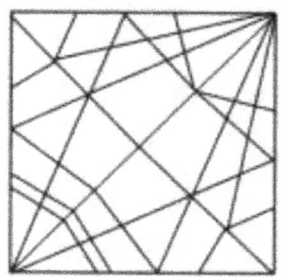

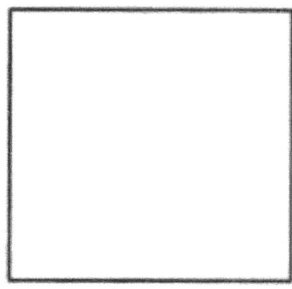

1. Beginne mit der weißen Seite nach oben.

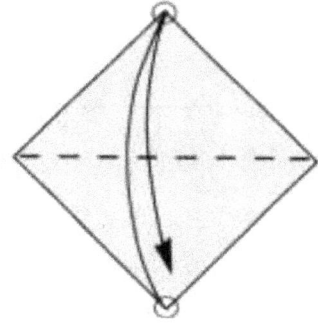

2. Falte und entfalte in der Hälfte diagonal.

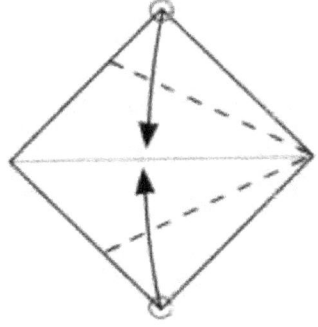

3. Falte die Ecken zur Mitte.

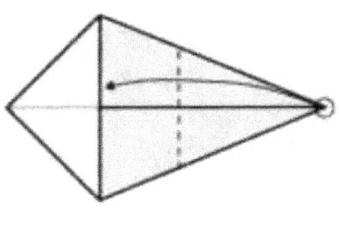

4. Falte nach links.

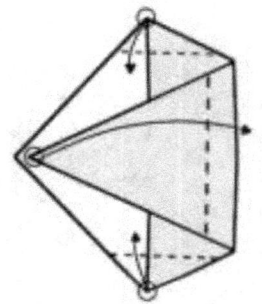 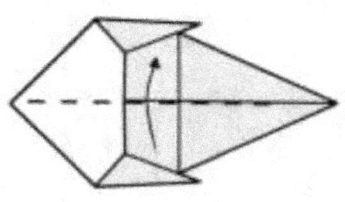

5 Falte die obere Lage an der gestrichelten Linie auf und falte die Ecken nach innen.

6 In der Hälfte falten.

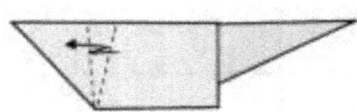 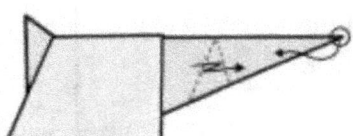

7 Schrittfalte, um den Schwanz zu bilden.

8 Schrittfalte und falte die Spize nach innen.

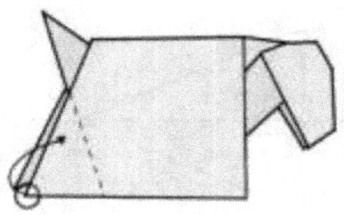 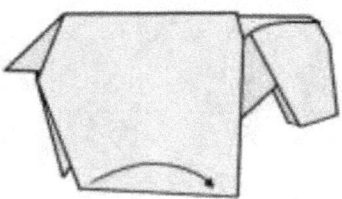

9 Falte nach innen.

10 Falte den unteren Teil.

11 Fertiges Mutterschaf!

Goldfisch

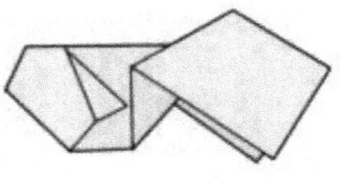 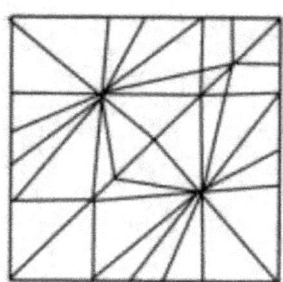

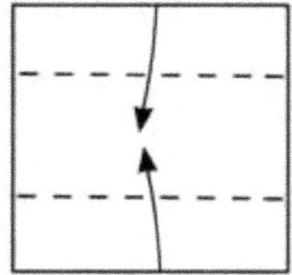

1. Beginne mit der weißen Seite nach oben.

2. Falte zur Mitte.

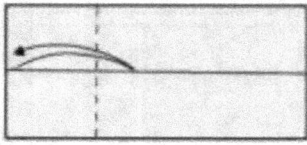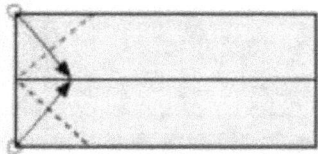

3. Falte und entfalte an der gestrichelten Linie.

4. Zur Mitte hin falten.

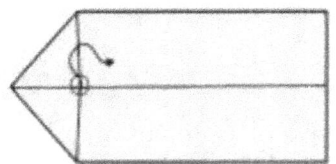 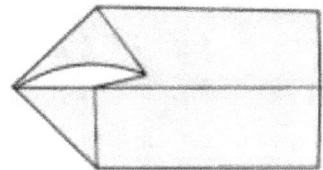

5 Ziehe die Tasche heraus. **6** Quetschfalte.

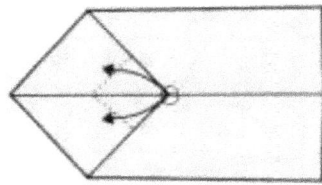 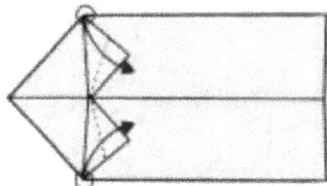

7 Falte die gestrichelten Linien ein. **8** Falte die gestrichelten Linien ein.

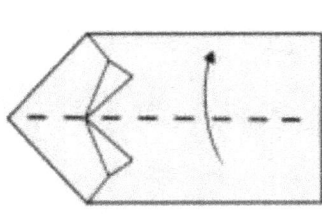 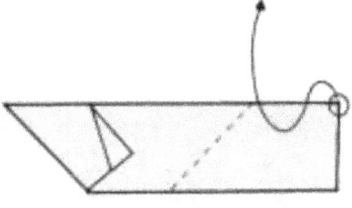

9 In der Hälfte falten. **10** Mach eine Taschenfaltung.

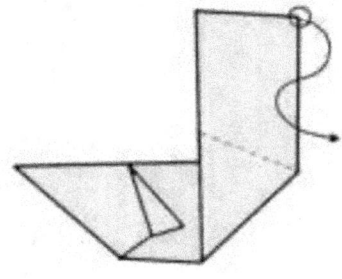 Tasche nach unten falten.

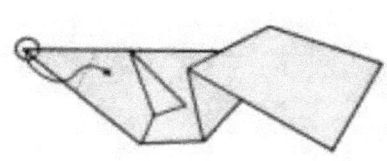 Nach innen falten.

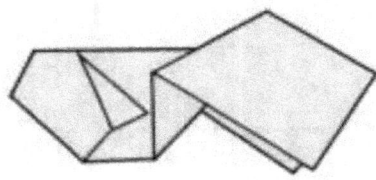 Fertiger Goldfisch!

Delphin

 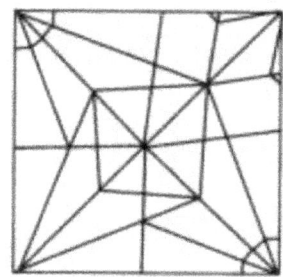

 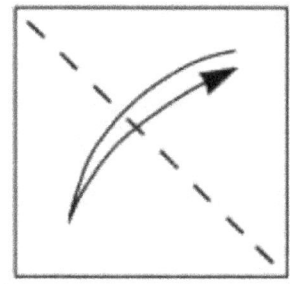

1. Beginne mit der weißen Seite nach oben.
2. Falte diagonal zur Hälfte.

 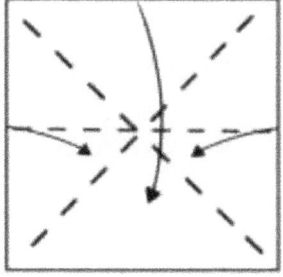

3. Falte die andere Hälfte diagonal.
4. Taschenfalte an den gestrichelten Linien nach unten.

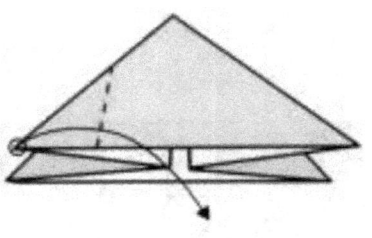 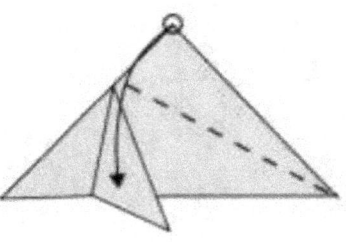

5 Nach unten falten.

6 An der gestrichelten Linie umklappen.

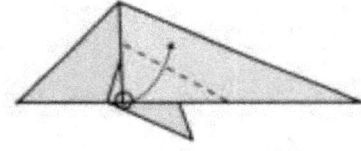 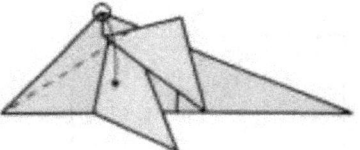

7 Nach oben falten.

8 Falte bis zum markierten Punkt.

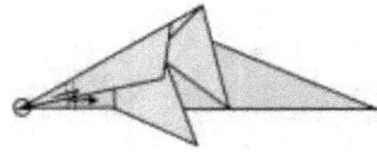 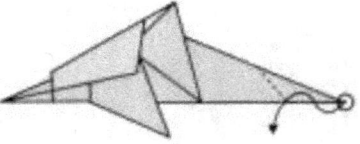

9 Schrittfalte.

10 Taschenfalte nach unten.

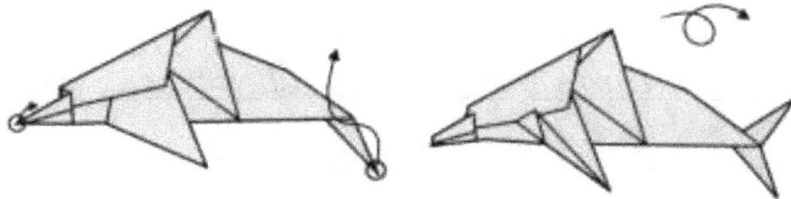

11 Taschenfalte die innere Lage nach oben.

12 Umdrehen.

13 Fertiger Delphin!

P.S. Darf ich um einen Gefallen bitten?

Zunächst einmal vielen Dank, dass Sie dieses Buch **Origami Buch für Beginner 5** erworben haben. Ich weiß, dass Sie sich eine beliebige Anzahl von Büchern hätten aussuchen können, aber Sie haben sich für dieses Buch entschieden, und dafür bin ich Ihnen sehr dankbar.

Wenn Ihnen dieses Buch gefallen hat und Sie es als nützlich empfunden haben, würde ich mich freuen von Ihnen zu hören und hoffe, dass Sie sich etwas Zeit zum Schreiben einer Rezension nehmen können wenn möglich.

Ihr Feedback und Ihre Unterstützung werden dem Autor helfen, zukünftige Projekte zu verbessern und dieses Buch noch besser zu machen.

DANKE!
=)